Sébastien Faure

Douze preuves de l'inexistence de Dieu

UltraLetters

Première publication en 1908.

ISBN : 978-2-930718-64-4

www.UltraLetters.com
contact@UltraLetters.com

L'AUTEUR

Sébastien Faure est né le 6 janvier 1858 à Saint-Étienne et est mort le 14 juillet 1942 à Royan.

Il est agent d'assurances puis conférencier professionnel.

Propagandiste anarchiste français de renommée internationale, il est aussi un pédagogue libertaire à l'initiative de La Ruche qui est une école libertaire et un espace de vie communautaire.

TABLE DES MATIÈRES

1. Introduction

Camarades, il y a deux façons d'étudier et de tenter de résoudre le problème de l'inexistence de Dieu. La première consiste à éliminer l'hypothèse Dieu du champ des conjectures plausibles ou nécessaires par une explication claire et précise par l'exposé d'un système positif de l'Univers, de ses origines, de ses développements successifs, de ses fins.

Cet exposé rendrait inutile l'idée de Dieu et détruirait par avance tout l'échafaudage métaphysique sur lequel les philosophes spiritualistes et les théologiens la font reposer.

Or, dans l'état actuel des connaissances humaines, si l'on s'en tient, comme il sied, à ce qui est démontré ou démontrable, vérifié ou vérifiable, cette explication manque, ce système positif de l'Univers fait défaut.

Il existe, certes, des hypothèses ingénieuses et qui ne choquent nullement la raison ; il existe des systèmes plus ou moins vraisemblables, qui s'appuient sur une foule de constatations et puisent dans la multiplicité des observations sur lesquelles ils sont édifiés un caractère de probabilité qui impressionne ; aussi peut-on hardiment soutenir que ces systèmes et ces suppositions supportent avantageusement d'être confrontés avec les affirmations des déistes ; mais, en vérité, il n'y a, sur ce point, que des thèses ne possédant pas encore la valeur des certitudes scientifiques et, chacun restant libre, somme toute, d'accorder la préférence à tel système ou à tel autre qui lui est opposé, la solution du problème ainsi envisagée, apparaît, présentement du moins, comme devant être réservée. Les adeptes de toutes les religions saisissent si sûrement l'avantage que leur confère l'étude du problème ainsi posé, qu'ils tentent tous et constamment, de ramener celui-ci à ladite position ; et si, même sur ce terrain, le seul sur lequel ils puissent faire encore bonne contenance, ils ne sortent pas de la rencontre — tant s'en faut — avec les honneurs de la bataille, il leur est toutefois possible de perpétuer le doute dans l'esprit de leurs coreligionnaires et c'est pour eux, le point capital. Dans ce corps à corps où les deux thèses opposées s'empoignent et s'efforcent à se terrasser, les déistes reçoivent de rudes coups ; mais ils en portent aussi ; bien ou mal, ils se défendent et, l'issue de ce duel demeurant, aux yeux de la foule, incertaine, les croyants, même quand ils ont été mis en posture de vaincus, peuvent crier victoire.

Ils ne se privent pas de le faire avec cette impudence qui est la marque des journaux à leur dévotion ; et cette comédie réussit à maintenir, sous la houlette du pasteur, l'immense majorité du troupeau. C'est tout ce que désirent ces mauvais bergers.

2. Le problème posé en termes précis

Toutefois, camarades, il y a une seconde façon d'étudier et de tenter de résoudre le problème de l'inexistence de Dieu.

Celle-là consiste à examiner l'existence du Dieu que les religions proposent à notre adoration. Se trouve-t-il un homme sensé et réfléchi, pouvant admettre qu'il existe, ce Dieu dont on nous dit, comme s'il n'était enveloppé d'aucun mystère, comme si l'on n'ignorait rien de lui, comme si on avait pénétré toute sa pensée, comme si on avait reçu toutes ces confidences : Il a fait ceci, il a fait cela, et encore ceci, et encore cela. Il a dit ceci, il a dit cela, et encore cela. Il a agi et parlé dans un tel but et pour telle autre raison. Il veut telle chose, mais il défend telle autre chose ; il récompensera telles actions et il punira telles autres. Et il a fait ceci et il veut cela, parce qu'il est infiniment sage, infiniment juste, infiniment puissant, infiniment bon ?

À la bonne heure ! Voilà un Dieu qui se fait connaître ! Il quitte l'empire de l'inaccessible, dissipe les nues qui l'environnent, descend des sommets, converse avec les mortels, leur confie sa pensée, leur révèle sa volonté et donne mission à quelques privilégiés de répandre sa Doctrine, de propager sa Loi et, pour tout dire, de le représenter ici-bas, avec pleins pouvoirs de lier et de délier, au ciel et sur la terre !

Ce Dieu, ce n'est pas le Dieu Force, Intelligence, Volonté, Énergie, qui, comme tout ce qui est Énergie, Volonté, Intelligence, Force, peut être tour à tour, selon les circonstances et par conséquent indifféremment, bon ou mauvais, utile ou nuisible, juste ou inique, miséricordieux ou cruel ; ce Dieu, c'est le Dieu en qui tout est perfection et dont l'existence n'est et ne peut être compatible, puisqu'il est parfaitement juste, sage, puissant, bon, miséricordieux, qu'avec un état de choses dont il serait l'auteur et par lequel s'affirmerait son infinie Justice, son infinie Sagesse, son infinie Puissance, son infinie bonté et son infinie Miséricorde.

Ce Dieu, vous le reconnaissez ; c'est celui qu'on enseigne, par le catéchisme, aux enfants ; c'est le Dieu vivant et personnel, celui à qui on élève des temples, vers qui monte la prière, en l'honneur de qui on accomplit des sacrifices et que prétendent représenter sur la terre tous les clergés, toutes les castes sacerdotales.

Ce n'est pas cet « Inconnu » cette Force énigmatique, cette Puissance impénétrable, cette Intelligence incompréhensible, cette Énergie incognoscible, ce Principe mystérieux : hypothèse à laquelle, dans l'impuissance où il est encore d'expliquer le comment et le pourquoi des choses, l'esprit de l'homme se plaît à recourir ; ce n'est pas le Dieu spéculatif des métaphysiciens, c'est le Dieu que ses représentants nous ont abondamment décrit, lumineusement détaillé.

C'est, je le répète, le Dieu des Religions, et, puisque nous sommes en France, le Dieu de cette Religion qui, depuis quinze siècles, domine notre histoire : la religion chrétienne. C'est ce Dieu-là que je nie, et c'est celui-là seulement que je veux discuter et qu'il convient d'étudier, si nous voulons tirer de cette conférence un profit positif, un résultat pratique.

3. Ce Dieu quel est-il ?

Puisque ses chargés d'affaires ici-bas ont eu l'amabilité de nous le dépeindre avec un grand luxe de détails, mettons à profit cette gracieuseté de ses fondés de pouvoirs ; examinons-le de près ; passons-le à la loupe : pour le bien discuter, il faut le bien connaître.

Ce Dieu, c'est lui qui, d'un geste puissant et fécond, a fait toutes choses de rien, celui qui a appelé le néant à l'être, qui a, par sa seule volonté, substitué le mouvement à l'inertie, la vie universelle à la mort universelle : il est Créateur ! Ce Dieu, c'est celui qui, ce geste de création accompli, bien loin de rentrer dans sa séculaire inaction et de rester indifférent à la chose créée, s'occupe de son œuvre, s'y intéresse, intervient quand il le juge à propos, la gère, l'administre, la gouverne : il est Gouverneur ou Providence.

Ce Dieu, c'est celui qui, Tribunal Suprême, fait comparaître chacun de nous après sa mort, le juge selon les actes de sa vie, établit la balance de ses bonnes et de ses mauvaises actions et prononce, en dernier ressort, sans appel, le jugement qui fera de lui, pour tous les siècles à venir, le plus heureux ou le plus malheureux des êtres : il est Justicier ou Magistrat.

Il va de soi que ce Dieu possède tous les attributs et qu'il ne les possède pas seulement à un degré exceptionnel ; il les possède tous à un degré infini. Ainsi, il n'est pas seulement juste : il est la Justice infinie ; il n'est pas seulement bon : il est la Bonté infinie ; il n'est pas seulement miséricordieux : il est la

Miséricorde infinie ; il n'est pas seulement puissant : il est la Puissance infinie ; il n'est pas seulement savant : il est la Science infinie.

Encore une fois, tel est le Dieu que je nie et dont, par douze preuves différentes (à la rigueur, une seule suffirait), je vais démontrer l'impossibilité.

4. Division du sujet

Voici l'ordre dans lequel je vous présenterai mes arguments. Ceux-ci formeront trois groupes : le premier de ces groupes visera plus particulièrement le Dieu-Créateur ; il comprendra six arguments ; le deuxième de ces groupes concernera plus spécialement le Dieu-Gouverneur ou Providence ; il embrassera quatre arguments ; enfin, le troisième et dernier de ces groupes s'attachera au Dieu-Justicier ou Magistrat ; il comportera deux arguments.

Donc : six arguments contre le Dieu-Créateur ; quatre arguments contre le Dieu-Gouverneur ; deux arguments contre le Dieu-Justicier. Cela fera bien douze preuves de l'inexistence de Dieu. Le plan de ma démonstration vous étant connu, vous pourrez plus aisément et mieux en suivre le développement.

5. Première série d'arguments

Premier argument : Le Geste créateur est inadmissible

Qu'entend-on par créer ? Qu'est-ce que créer ? Est-ce prendre des matériaux épars, séparés, mais existants, puis, utilisant certains principes expérimentés, appliquant certaines règles connues, rapprocher, grouper, sérier, associer, ajuster ces matériaux, afin d'en faire quelque chose ? Non ! Cela n'est pas créer.

Exemples : Peut-on dire d'une maison qu'elle a été créée ? — Non ! Elle a été construite. Peut-on dire d'un meuble qu'il a été créé ? — Non ! Il a été fabriqué. Peut-on dire d'un livre qu'il a été créé ? — Non ! Il a été composé, imprimé.

Donc, prendre des matériaux existants et en faire quelque chose ce n'est pas créer. Qu'est-ce donc que créer ? Créer... je suis, ma foi, fort embarrassé d'expliquer l'inexplicable, de définir l'indéfinissable ; je vais, néanmoins, tenter de me faire comprendre.

Créer, c'est tirer quelque chose de rien ; c'est avec rien du tout faire quelque chose ; c'est appeler le néant à l'être.

Or, j'imagine qu'il ne se trouve pas une seule personne douée de raison qui puisse concevoir et admettre que de rien on puisse tirer quelque chose, qu'avec rien il soit possible de faire quelque chose.

Supposez un mathématicien ; choisissez le calculateur le plus émérite, placez derrière lui un gigantesque tableau noir ; priez-le de tracer sur ce tableau noir des zéros et des zéros ; il aura beau totaliser, multiplier, se livrer à toutes les opérations de la mathématique, il ne parviendra jamais à extraire de l'accumulation de ces zéros une seule unité.

Avec rien, on ne fait rien ; avec rien on ne peut rien faire et le fameux aphorisme de Lucrèce *ex nihilo nihil* reste l'expression d'une certitude et d'une évidence manifeste.

Le geste créateur est un geste impossible à admettre et une absurdité. Créer, c'est donc une expression mystique, religieuse, pouvant posséder quelque valeur aux yeux des personnes à qui il plaît de croire ce qu'elles ne comprennent pas et à qui la foi s'impose d'autant plus qu'elles comprennent moins ; mais créer est une expression vide de sens pour tout homme avisé, attentif, aux yeux de qui les mots n'ont de valeur que dans la mesure dans laquelle ils représentent une réalité ou une possibilité.

En conséquence, l'hypothèse d'un Être véritablement créateur est une hypothèse que la raison repousse. L'Être créateur n'existe pas, ne peut pas exister.

Deuxième argument : Le « pur Esprit » ne peut avoir déterminé l'Univers

Aux croyants qui, en dépit de toute raison, persistent à admettre la possibilité de la création, je dirai qu'il est, en tous les cas, impossible d'attribuer cette création à leur Dieu. Leur Dieu est pur Esprit. Et je dis que le pur Esprit : l'Immatériel ne peut avoir déterminé l'Univers : le Matériel.

Voici pourquoi : Le pur Esprit n’est pas séparé de l’Univers par une différence de degré, de quantité, mais par une différence de nature, de qualité. En sorte que le pur Esprit n’est et ne peut pas plus être une amplification de l’Univers que l’Univers n’est et en peut être une réduction du pur Esprit.

La différence ici n’est pas seulement une distinction, mais une opposition, opposition de nature : essentielle, fondamentale, irréductible, absolue. Entre le pur Esprit et l’Univers, il n’y a pas seulement un fossé plus ou moins large et profond qu’il serait, à la rigueur, possible de combler ou de franchir ; il y a un véritable abîme, dont telles sont la profondeur et l’étendue que, quel que soit l’effort tenté, rien personne ne saurait combler ni franchir cet abîme.

Et je mets le philosophe le plus subtil comme le mathématicien le plus consommé au défi de jeter un pont, c’est-à-dire d’établir un rapport - quel qu’il soit - (et à plus forte raison un rapport aussi direct et aussi étroit que celui qui relie la cause à l’effet) entre le pur Esprit et l’Univers. Le pur Esprit ne supporte aucun alliage matériel ; il ne comporte ni forme, ni corps, ni ligne, ni matière, ni proportion, ni étendue, ni durée, ni profondeur, ni surface, ni volume, ni couleur, ni son, ni densité.

Or, dans l’Univers, tout, au contraire est forme, corps, ligne, matière, proportion, étendue, durée, profondeur, surface, volume, couleur, son, densité. Comment admettre que cela a été déterminé par ceci ? C’est impossible.

Arrivé à ce point de ma démonstration, je campe solidement sur les deux arguments qui précèdent, la conclusion suivante : Nous avons vu que l'hypothèse d'une Puissance véritablement créatrice est inadmissible ; nous avons vu, en second lieu, que, même si l'on persiste à croire en cette Puissance, on ne saurait admettre que l'Univers essentiellement matériel ait été déterminé par le pur Esprit essentiellement immatériel ; Si, néanmoins, vous vous obstinez, croyants, à affirmer que c'est votre Dieu qui a créé l'Univers, le moment est venu de nous demander où, dans l'hypothèse Dieu, se trouvait la Matière, à l'origine, au commencement.

Eh bien ! de deux choses l'une : ou bien la Matière était hors de Dieu ; ou bien elle était en Dieu (et vous ne sauriez lui assigner une troisième place). Dans le premier cas, si elle était hors de Dieu, c'est que Dieu n'a pas eu besoin de la créer, puisqu'elle existait déjà ; c'est qu'elle coexistait avec Dieu, c'est qu'elle était concomitante avec lui et, alors, votre Dieu n'est pas créateur ; Dans le second cas, c'est-à-dire, si elle n'était pas hors de dieu, elle était en Dieu ; et dans ce cas, j'en conclus : 1° Que Dieu n'est pas pur Esprit, puisqu'il portait en lui une parcelle de matière, et quelle parcelle : la totalité des Mondes matériels ! 2° Que Dieu, portant la matière en lui, n'a pas eu à la créer, puisqu'elle existait ; il n'a eu qu'à l'en faire sortir ; et, alors, la création cesse d'être un acte de création véritable et se réduit à un acte d'extériorisation. Dans les deux cas, pas de création.

Troisième argument : Le Parfait ne peut produire l'imparfait

Je suis certain que si je posais à un croyant cette question : L'imparfait peut-il produire le parfait ? ce croyant me répondrait sans la moindre hésitation et sans crainte de se tromper : L'imparfait ne peut produire le parfait. Or, je dis, moi, : Le parfait ne peut pas produire l'imparfait et je soutiens que ma proposition possède la même force et la même exactitude que la précédente, et pour les mêmes raisons.

Ici encore : entre le parfait et l'imparfait il n'y a pas seulement une différence de degré, de quantité, mais une différence de qualité, de nature, une opposition essentielle, fondamentale, irréductible, absolue. Ici encore : entre le parfait et l'imparfait, il n'y a pas seulement un fossé plus ou moins profond et large, mais un abîme si vaste et si profond que rien ne saurait le franchir, ni le combler. Le parfait, c'est l'absolu ; l'imparfait, c'est le relatif ; au regard du parfait qui est tout, le relatif, le contingent n'est rien ; au regard du parfait, le relatif est sans valeur, il n'existe pas, et il n'est au pouvoir d'aucun mathématicien ni d'aucun philosophe d'établir un rapport d'établir un rapport — quel qu'il soit — entre le relatif et l'absolu ; a fortiori, ce rapport est-il impossible, quand il s'agit d'un rapport aussi rigoureux et précis que celui qui doit nécessairement unir la Cause à l'Effet.

Il est donc impossible que le parfait ait déterminé l'imparfait. Par contre, il existe un rapport direct, fatal, et, en quelque sorte mathématique, entre l'œuvre et celui qui en est l'auteur : tant vaut l'œuvre tant vaut l'ouvrier ; tant vaut l'ouvrier tant vaut l'œuvre ; c'est à l'œuvre qu'on reconnaît l'ouvrier, comme c'est au fruit qu'on reconnaît l'arbre.

Si j'examine une rédaction mal faite, où abondent les fautes françaises, où les phrases sont mal construites, où le style est pauvre et relâché, où les idées sont rares et banales, où les connaissances sont inexactes, je n'aurai pas l'idée d'attribuer cette mauvaise page de français à un ciseleur de phrases, à un des maîtres de la littérature.

Si je jette les yeux sur un dessin mal fait, où les lignes sont mal tracées, les règles de la perspective et de la proportion violées, il ne me viendra jamais à la pensée d'attribuer cette ébauche rudimentaire à un professeur, à un maître, à un artiste. Sans la moindre hésitation, je dirai : c'est l'œuvre d'un élève, d'un apprenti, d'une enfant ; et j'ai l'assurance de ne pas commettre d'erreur, tant il est vrai que l'œuvre porte la marque de l'ouvrier et que, par l'œuvre, on peut apprécier l'auteur de celle-ci.

Or, la Nature est belle ; l'Univers est magnifique et j'admire passionnément, autant que qui que ce soit, les splendeurs, les magnificences dont il nous offre l'incessant spectacle. Pourtant, si enthousiaste que je sois aux beautés de la Nature et quelqu'hommage que je leur rende, je ne puis dire que l'Univers est une œuvre sans défaut, irréprochable, parfaite. Et personne n'oserait soutenir une telle opinion.

L'Univers est donc une œuvre imparfaite. En conséquence je dis : Il y a toujours entre l'œuvre et l'auteur de celle-ci un rapport rigoureux, étroit, mathématique ; or, l'Univers est une œuvre imparfaite ; donc l'auteur de cette œuvre ne peut être qu'imparfait. Ce syllogisme aboutit à frapper d'imperfection le Dieu des croyants et, conséquemment, à le nier.

Je puis encore raisonner comme suit : Ou bien ce n'est pas Dieu qui est l'auteur de l'Univers (j'exprime ainsi ma conviction). Ou bien, si vous persistez à affirmer que c'est lui qui en est l'auteur, l'Univers étant une œuvre imparfaite, votre Dieu est lui-même imparfait. Syllogisme ou dilemme, la conclusion du raisonnement reste la même : Le parfait ne peut déterminer l'imparfait.

Quatrième argument : L'Être éternel, actif, nécessaire, ne peut, à aucun moment, avoir été inactif ou inutile

Si Dieu existe, il est éternel, actif et nécessaire. Éternel ? Il l'est par définition. C'est sa raison d'être. On ne peut le concevoir enfermé dans les limites du temps ; on ne peut l'imaginer commençant ou finissant ; il ne peut avoir ni apparition ni disparition. Il existe de tout temps.

Actif ? Il l'est et ne peut pas ne pas l'être, puisque c'est son activité qui a tout engendré, puisque son activité s'est affirmée, disent les croyants, par le geste le plus colossal, le plus majestueux : la Création des Mondes.

Nécessaire ? Il l'est et ne peut pas ne pas l'être, puisque sans lui rien ne serait ; puisqu'il est l'auteur de toutes choses ; puisqu'il est le foyer initial d'où tout a coulé ; puisque, seul, se suffisant à lui-même, il a dépendu de sa seule volonté que tout soit ou que rien ne soit. Il est donc : éternel, actif et nécessaire.

Je prétends et je vais démontrer que, s'il est éternel, actif et nécessaire, il doit être éternellement actif et éternellement nécessaire ; que, conséquemment, il n'a pu, à aucun moment, être inactif ou inutile ; que, conséquemment, enfin, il n'a jamais créé.

Dire que Dieu n'est pas éternellement actif, c'est admettre qu'il ne l'a pas toujours été, qu'il l'est devenu, qu'il a commencé à être actif, qu'avant de l'être, il ne l'était pas ; et, puisque c'est par la création que s'est manifestée son activité, c'est admettre du même coup que, durant les milliards et les milliards de siècles qui, peut-être, ont précédé l'action créatrice, Dieu était inactif.

Dire que Dieu n'est pas éternellement nécessaire, c'est admettre qu'il ne l'a pas toujours été, qu'il l'est devenu, qu'il a commencé à être nécessaire, qu'avant de l'être, il ne l'était pas et, puisque c'est la Création qui proclame et atteste la nécessité de Dieu, c'est admettre du même coup que, durant les milliards et les milliards de siècles qui peut-être ont précédé l'action créatrice, Dieu était inutile. Dieu oisif et paresseux ! Dieu inutile et superflu !

Quelle posture pour l'Être essentiellement actif et essentiellement nécessaire ! Il faut donc confesser que Dieu est de tout temps actif et de tout temps nécessaire. Mais alors, il ne peut l'avoir créé ; car l'idée de création implique, de façon absolue, l'idée de commencement, d'origine. Une chose qui commence ne peut pas avoir existé de tout temps. Il fut nécessairement un temps où, avant d'être, elle n'était pas encore. Si court ou si long que fut ce temps qui précède la chose créée, rien ne peut le supprimer ; de toutes façons, il est.

Il en résulte que : Ou bien Dieu n'est pas éternellement actif et éternellement nécessaire ; et, dans ce cas, il l'est devenu par la création. S'il en est ainsi, il manquait à Dieu, avant la création, ces deux attributs : l'activité et la nécessité. Ce Dieu était incomplet ; c'était un tronçon de Dieu, pas plus ; et il a eu besoin de créer pour devenir actif et nécessaire, pour se compléter. Ou bien Dieu est éternellement actif et nécessaire ; et, dans ce cas, il a créé éternellement la création est éternelle ; l'Univers n'a jamais commencé ; il a existé de tout temps ; il est éternel comme Dieu ; il est Dieu lui-même et se confond avec lui. S'il en est ainsi, l'Univers n'a pas eu de commencement ; il n'a pas été créé.

Dans le premier cas, Dieu, s'il n'était ni actif, ni nécessaire, était incomplet, c'est-à-dire imparfait ; et, alors, il n'existe pas ; dans le second cas, Dieu étant éternellement actif et éternellement nécessaire, ne peut pas l'être devenu ; et, alors, il n'a pas créé.

Cinquième argument : L'être immuable ne peut avoir créé

Si Dieu existe, il est immuable. Il ne change pas ; il ne peut pas changer. Tandis que, dans la Nature, tout se modifie, se métamorphose, se transforme, tandis que rien n'est définitivement et que tout devient, Dieu, point fixe, immobile dans le temps et l'espace, n'est sujet à aucune modification, ne connaît et ne peut connaître aucun changement. Il est aujourd'hui ce qu'il était hier ; il sera demain ce qu'il est aujourd'hui.

Qu'on envisage Dieu dans le lointain des siècles révolus ou dans celui des siècles futurs, il est constamment identique à lui-même. Dieu est immuable. Je prétends que, s'il a créé, il n'est pas immuable, parce que, dans ce cas, il a changé deux fois. Se déterminer à vouloir, c'est changer. De toute évidence, il y a eu un changement entre l'être qui ne veut pas encore et l'être qui veut.

Si je veux aujourd'hui ce que je ne voulais pas, ce à quoi je ne songeais même pas, il y a quarante-huit heures, c'est qu'il s'est produit en moi ou autour de moi une ou plusieurs circonstances qui m'ont déterminé à vouloir. Ce vouloir nouveau constitue une modification : il n'y a pas lieu d'en douter : c'est indiscutable. Pareillement : se déterminer à agir, ou agir, c'est se modifier. Il est, en outre, certain que cette double modification : vouloir, agir, est d'autant plus considérable et marquée, qu'il s'agit d'une résolution plus grave et d'une action plus importante. Dieu a créé, dites-vous ? — Soit. Alors il a changé deux fois : la première fois, lorsqu'il a pris la détermination de créer ; la seconde fois, lorsque, mettant à exécution cette détermination, il a accompli le geste créateur. S'il a changé deux fois, il n'est pas immuable. Et s'il n'est pas immuable, il n'est pas Dieu, il n'existe pas.

L'Être immuable ne peut avoir créé.

Sixième argument : Dieu ne peut avoir créé sans motif ; or, il est impossible d'en discerner un seul.

De quelque façon qu'on l'envisage, la Création reste inexplicable, énigmatique, vide de sens. Il saute aux yeux que, si Dieu a créé, il est impossible d'admettre qu'il ait accompli cet acte grandiose et dont les conséquences devaient être fatalement proportionnées à l'acte lui-même, par conséquent incalculables, sans y être déterminé par une raison de premier ordre.

Eh bien ! Quelle peut être cette raison ? Pour quel motif Dieu a-t-il pu se résoudre à créer ? Quel mobile l'a impulsé ? Quel désir l'a pris ? Quel dessein a-t-il formé ? Quel but a-t-il poursuivi ? Quelle fin s'est-il proposée ? Multipliez, dans cet ordre d'idées, les questions et les questions : tournez et retournez le problème ; envisagez-le sous tous ses aspects ; examinez-le dans tous les sens ; et je vous mets au défi de le résoudre, autrement que par des balivernes ou de subtilités.

Tenez : voici un enfant élevé dans la religion chrétienne. Son catéchisme lui affirme, ses maîtres lui enseignent que c'est Dieu qui l'a créé et mis au monde. Supposez qu'il se pose à lui-même cette question : Pourquoi Dieu m'a-t-il créé et mis au monde ? et qu'il y veuille trouver une réponse sérieuse, raisonnable. Il n'y parviendra pas. Supposez encore que, confiant dans l'expérience et le savoir de ses éducateurs, persuadé que, par le caractère sacré dont, prêtres ou pasteurs, ils sont revêtus, ils possèdent des lumières spéciales et des grâces particulières, convaincu que, par leur sainteté, ils sont plus près de Dieu que lui et mieux initiés que lui aux vérités révélées, supposez que cet enfant ait la curiosité de demander à ses maîtres pourquoi Dieu l'a créé et mis au monde, j'affirme que ceux--ci ne peuvent faire à cette simple interrogation aucune réponse plausible, sensée. En vérité, il n'y en a pas.

Serrons de près la question, creusons le problème. Par la pensée, examinons Dieu avant la création. Prenons-le dans son sens absolu. Il est tout seul ; il se suffit à lui-même. Il est parfaitement sage, parfaitement heureux, parfaitement puissant. Rien ne peut accroître sa sagesse ; rien ne peut augmenter sa félicité ; rien ne peut fortifier sa puissance. Ce Dieu ne peut éprouver aucun désir, puisque son bonheur est infini ; il ne peut poursuivre aucun but, puisque rien ne manque à sa perfection ; il ne peut former aucun dessein, puisque rien ne peut étendre sa puissance ; il ne peut se déterminer à aucun vouloir, puisqu'il ne ressent aucun besoin.

Allons ! Philosophes profonds, penseurs subtils, théologiens prestigieux, répondez à cet enfant qui vous interroge et dites-lui pourquoi Dieu l'a créé et mis au monde. Je suis bien tranquille ; vous ne pouvez pas répondre à moins que vous ne disiez : Les desseins de Dieu sont impénétrables, et que vous ne teniez cette réponse pour suffisante. Et sagement vous ferez en vous abstenant de répondre, car toute réponse, je vous en préviens charitablement, serait la ruine de votre système, l'écroulement de votre Dieu.

La conclusion s'impose, logique, impitoyable : Dieu, s'il a créé, a créé sans motif, sans savoir pourquoi, sans but. Savez-vous, camarades, où nous conduisent forcément les conséquences d'une telle conclusion ? Vous allez le voir. Ce qui différencie les actes d'un homme doué de raison des actes d'un homme frappé de démence, ce qui fait que l'un est responsable et l'autre pas, c'est qu'un homme de raison sait toujours, en tous cas peut toujours savoir, quand il a agi, quels sont les mobiles qui l'ont impulsé, quels sont les motifs qui l'ont déterminé à agir. Quand il s'agit d'une action importante et dont les conséquences peuvent engager lourdement sa responsabilité, il suffit que l'homme en possession de sa raison, se replie sur lui-même, se livre à un examen de conscience sérieux, persistant et impartial, il suffit que, par le souvenir, il reconstitue le cadre dans lequel les événements l'ont enfermé, qu'en un mot, il revive l'heure écoulée, pour qu'il parvienne à discerner le mécanisme des mouvements qui l'ont fait agir. Il n'est pas toujours très fier des mobiles qui l'ont impulsé ; il rougit souvent des raisons qui l'ont déterminé à agir ; mais, que ces motifs soient nobles ou vils, généreux ou bas, il parvient toujours à les découvrir.

Un fou, au contraire, agit sans savoir pourquoi ; son acte accompli, même le plus chargé de conséquences, interrogez-le ; pressez-le de questions ; insistez ; harcelez-le. Le pauvre dément balbutiera quelques folies et vous ne l'arracherez pas à ses incohérences. Donc, ce qui différencie les actes d'un homme sensé des actes d'un insensé, c'est que les actes du premier s'expliquent, c'est qu'ils ont une raison d'être, c'est qu'on en distingue la cause et le but, l'origine et la fin ; tandis que les actes d'un homme privé de raison ne s'expliquent pas, qu'il est incapable lui-même de discerner la cause et le but, qu'ils n'ont pas de raison d'être.

Eh bien ! si Dieu a créé sans but, sans motif, il a agi à la façon d'un fou et la Création apparaît comme un acte de démence.

6. Deux objections capitales

Pour en finir avec le Dieu de la création, il me paraît indispensable d'examiner deux objections. Vous pensez bien qu'ici les objections abondent ; aussi, quand je parle de deux objections à étudier, je parle de deux objections capitales, classiques. Ces deux objections ont d'autant plus d'importance qu'on peut, avec l'habitude de la discussion, ramener toutes les autres à celle-ci :

Première objection : Dieu vous échappe

On me dit : Vous n'avez pas le droit de parler de Dieu comme vous le faites. Vous nous présentez un Dieu caricatural, systématiquement rapetissé aux proportions que daigne lui accorder votre entendement. Ce Dieu-là n'est pas le nôtre. Le nôtre, vous ne pouvez le concevoir, car il vous dépasse, il vous échappe. Sachez que ce qui serait fabuleux pour l'homme le plus puissant en force, en sagesse et en savoir n'est, pour Dieu, qu'un jeu d'enfant. N'oubliez pas que l'Humanité ne saurait se mouvoir sur le même plan que la Divinité. Ne perdez pas de vue qu'il est aussi impossible à l'homme de comprendre la façon d'opérer de Dieu qu'il est impossible aux minéraux d'imaginer les modes d'opérer des animaux et aux animaux de comprendre les modes d'opérer des hommes. Dieu plane à des hauteurs que vous ne sauriez atteindre ; il occupe des sommets qui vous restent inaccessibles. Sachez que quelle que soit la magnificence d'une intelligence humaine, quel que soit l'effort réalisé par cette intelligence, quelle que soit la persistance de cet effort, jamais l'intelligence humaine ne pourra s'élever jusqu'à Dieu. Rendez-vous compte enfin que, si vaste qu'il puisse être, le cerveau de l'homme est fini et que, par conséquent, il ne peut concevoir l'infini. Ayez donc la loyauté et la modestie de confesser qu'il ne vous est pas possible de comprendre, ni d'expliquer Dieu. Mais de ce que vous ne pouvez ni le comprendre, ni l'expliquer, il ne s'ensuit pas que vous ayez le droit de le nier.

Et je réponds aux déistes : Vous me donnez, Messieurs, des conseils de loyauté auxquels je suis tout disposé à me conformer. Vous me rappelez à la modestie légitime qui sied à l'humble mortel que je suis. Il me plaît de ne pas m'en écarter.

Vous dites que Dieu me dépasse, qu'il m'échappe ? Soit. Je consens à le reconnaître ; et affirmer que le fini ne peut ni concevoir ni expliquer l'Infini, c'est une vérité tellement certaine, et même évidente, que je n'ai pas la moindre envie d'y faire opposition. Nous voilà, jusqu'ici, bien d'accord et j'espère que vous êtes tout à fait contents.

Seulement, Messieurs, permettez que, à mon tour, je vous donne les mêmes conseils de loyauté ; souffrez que, à mon tour, je vous rappelle à la même modestie. N'êtes-vous pas des hommes, comme j'en suis un ? Dieu ne vous dépasse-t-il pas, comme il me dépasse ? Ne vous échappe-t-il pas comme il m'échappe ? Auriez-vous la prétention de vous mouvoir sur le même plan que la Divinité ? Auriez-vous l'outrecuidance de penser et la sottise de déclarer que, d'un coup d'aile, vous avez gravi les sommets que Dieu occupe ? Seriez-vous présomptueux au point d'affirmer que votre cerveau fini a embrassé l'Infini ? Je ne vous fais pas l'injure, Messieurs, de vous croire frappés d'une telle extravagante vanité. Ayez donc, tout comme moi, la loyauté et la modestie de confesser que, s'il m'est impossible de comprendre et d'expliquer Dieu, vous vous heurtez à la même impossibilité. Ayez donc la probité de reconnaître que si, de ce que je ne puis concevoir ni expliquer Dieu, il ne m'est pas permis de le nier, puisque vous ne pouvez, vous non plus, ni le comprendre ni l'expliquer, il ne vous est pas permis de l'affirmer. Et gardez-vous de croire, Messieurs, que nous voilà, désormais, logés à la même enseigne. C'est vous qui, les premiers avez affirmé l'existence de Dieu, c'est donc vous qui, les premiers, devez mettre fin à vos affirmations. Aurais-je jamais songé à nier Dieu, si, alors que j'étais tout petit, on ne m'avait pas imposé de croire en lui ? si, adulte, je ne l'avais pas entendu affirmer tout autour de moi ? Si, devenu homme, mes regards n'avaient pas constamment observé des Eglises et des Temples élevés à Dieu ? Ce sont vos affirmations qui provoquent et justifient mes négations. Cessez d'affirmer et je cesserai de nier.

Seconde objection : Il n'y a pas d'effet sans cause

La seconde objection paraît autrement redoutable. Beaucoup la considèrent encore comme sans réplique. Elle nous vient des philosophes spiritualistes. Ces Messieurs nous disent sentencieusement : Il n'y a pas d'effet sans cause ; or, l'Univers est un effet ; donc cet effet a une cause que nous appelons Dieu. L'argument est bien présenté ; il paraît bien construit, il semble solidement charpenté. Le tout est de savoir s'il l'est véritablement.

Ce raisonnement est ce que, en logique, on appelle un syllogisme. Un syllogisme est un argument composé de trois propositions : la majeure, la mineure et la conséquence ; et comprenant deux parties : les prémisses, constituées par les deux premières propositions, et la conclusion représentée par la troisième. Pour qu'un syllogisme soit inattaquable, il faut : 1° que la majeure et la mineure soient exactes ; 2° que la troisième découle logiquement des deux premières.

Si le syllogisme des philosophes spiritualistes réunit ces deux conditions, il est irréfutable et il ne me reste qu'à m'incliner ; mais s'il lui manque une seule de ces deux conditions, il est nul, sans valeur et l'argument s'effondre tout entier. pour en connaître la valeur, examinons les trois propositions qui la composent.

Première proposition majeure : Il n'y a pas d'effet sans cause. Philosophes, vous avez raison. Il n'y a pas d'effet sans cause ; rien n'est plus exact. Il n'y a pas, il ne peut pas y avoir d'effet sans cause. L'effet n'est que la suite, le prolongement, l'aboutissant de la cause. Qui dit effet dit cause ; l'idée d'effet appelle nécessairement et immédiatement l'idée de cause. S'il en était autrement, l'effet sans cause serait un effet de rien ; ce qui serait absurde. Donc, sur cette première proposition, nous sommes d'accord.

Deuxième proposition, mineure : Or, l'Univers est un effet. Ah ! ici, je demande à réfléchir et je sollicite des explications. Sur quoi s'appuie une affirmation aussi nette, aussi tranchante ? Quel est le phénomène ou l'ensemble de phénomènes, quelle est la constatation ou l'ensemble de constatations qui permet de se prononcer sur un ton aussi catégorique ?

Et d'abord, l'Univers, le connaissons-nous suffisamment ? L'avons-nous assez étudié, scruté, fouillé, compris pour qu'il nous soit permis d'être aussi affirmatifs ? En avons-nous pénétré les entrailles ? En avons-nous exploré les espaces incommensurables ? Sommes-nous descendus dans les profondeurs des océans ? Avons-nous escaladé toutes les altitudes ? Connaissons-nous toutes choses appartenant au domaine de l'Univers ? Celui-ci nous a-t-il livré tous ses secrets ? Avons-nous arraché tous les voiles, pénétré tous les mystères, découvert toutes les énigmes ? Avons-nous tout vu, tout entendu, tout palpé, tout senti, tout observé, tout noté ? N'avons-nous plus rien à apprendre ? Ne nous reste-t-il rien à découvrir ?

Bref, sommes-nous en état de porter sur l'Univers une appréciation formelle, un jugement définitif, un arrêt indubitable ? Nul ne pourrait répondre par l'affirmative à toutes ces questions et il serait profondément à plaindre le téméraire, on peut dire l'insensé, qui oserait prétendre qu'il connaît l'Univers. L'Univers ! c'est-à-dire, non pas seulement cette infime planète que nous habitons et sur laquelle se traînent nos misérables carcasses, non seulement ces millions d'astres et de planètes que nous connaissons, qui font partie de notre système solaire, ou que nous découvrons dans la lenteur du temps ; mais encore ces Mondes et ces Mondes dont nous connaissons ou conjecturons l'existence et dont le nombre, la distance et l'étendue restent incalculables !

Si je disais : L'Univers est une cause, j'ai la certitude que je déchaînerais spontanément les huées et les protestations des croyants ; et, cependant, mon affirmation ne serait pas plus folle que la leur. Ma témérité serait égale à la leur ; voilà tout. Si je me penche sur l'Univers, si je l'observe autant que le permettent à l'homme d'aujourd'hui les connaissances acquises, je constate comme un ensemble incroyablement complexe et touffu, comme un enchevêtrement inextricable et colossal de causes et d'effets qui se déterminent, s'enchaînent, se succèdent, se répètent et se pénètrent.

J'aperçois que le tout forme comme une chaîne sans fin dont les anneaux sont indissolublement liés et je constate que chacun de ces anneaux est à la fois cause et effet : effet de la cause qui l'a déterminé, cause de l'effet qui suit. Qui peut dire : Voilà le premier anneau ; l'anneau Cause ? Qui peut dire : Voilà le dernier anneau : l'anneau Effet ? Et qui peut dire : Il y a nécessairement une cause numéro premier, il y a nécessairement un effet numéro dernier ?... La deuxième proposition : Or, l'Univers est un effet manque donc de la condition indispensable : l'exactitude. En conséquence, le fameux syllogisme ne vaut rien. J'ajoute que, même dans le cas où cette deuxième proposition serait exacte, il resterait à établir, pour que la conclusion fût acceptée, que l'Univers est l'effet d'une Cause unique, d'une Cause première, de la Cause des Causes, d'une Cause sans Cause, de la Cause éternelle.

J'attends sans trouble, sans inquiétude cette démonstration. Elle est de celles qu'on a maintes fois tentées et qui n'ont jamais été faites. Elle est de celles dont on peut dire sans trop de témérité qu'elles ne seront jamais établies sérieusement, positivement, scientifiquement.

J'ajoute, enfin, que même dans le cas où le syllogisme tout entier serait irréprochable, il serait aisé de le retourner contre la thèse du Dieu Créateur, en faveur de ma démonstration. Essayons : Il n'y a pas d'effets sans cause ? — Soit. Or, l'Univers est un effet ? — D'accord. Donc cet effet a une cause et c'est cette cause que nous appelons Dieu ? — Soit encore. Ne vous hâtez pas de triompher, déistes, et écoutez-moi bien. S'il est évident qu'il n'y a pas d'effet sans cause, il est aussi rigoureusement évident qu'il n'y a pas de cause sans effet. Il n'y a pas, il ne peut pas y avoir de cause sans effet. Qui dit cause dit effet ; l'idée de cause implique nécessairement et appelle immédiatement l'idée d'effet ; s'il en était autrement, la cause sans effet serait une cause de rien, se qui serait aussi absurde qu'un effet de rien. Donc, il est bien entendu qu'il n'y a pas de cause sans effet.

Or, vous dites que l'Univers a pour cause Dieu. Il convient donc de dire que la Cause-Dieu a pour effet l'Univers. il est impossible de séparer l'effet de le cause ; mais il est également impossible de séparer la cause de l'effet.

Vous affirmez enfin que Dieu-Cause est éternel. J'en conclus que l'Univers-Effet est également éternel, puisqu'à une cause éternelle doit inéluctablement correspondre un effet éternel. S'il en était autrement, c'est-à-dire si l'Univers avait commencé, durant les milliards et les milliards de siècles qui, peut-être, ont précédé la création de l'Univers, Dieu aurait été une cause sans effet, ce qui est impossible, une cause de rien, ce qui serait absurde. En conséquence, Dieu étant éternel, l'Univers l'est aussi, et si l'Univers est éternel, c'est qu'il n'a jamais commencé, c'est qu'il n'a pas été créé.

7. Deuxième série d'arguments

Premier argument : Le Gouverneur nie le Créateur

Il en est — et ils sont légion — qui, malgré tout, s'obstinent à croire. Je conçois que, à la rigueur, on puisse croire à l'existence d'un créateur parfait ; je conçois que, à la rigueur, on puisse croire à l'existence d'un gouverneur nécessaire ; mais il me semble impossible qu'on puisse raisonnablement croire à l'un et à l'autre, en même temps : ces deux Êtres parfaits s'excluent catégoriquement ; affirmer l'un, c'est nier l'autre ; proclamer la perfection du premier, c'est confesser l'inutilité du second ; proclamer la nécessité du second, c'est nier la perfection du premier.

En d'autres termes, on peut croire à la perfection de l'un ou à la nécessité de l'autre ; mais il est déraisonnable de croire à la perfection des deux : il faut choisir. Si l'Univers créé par Dieu eût été une œuvre parfaite, si, dans son ensemble et dans ses moindres détails, cette œuvre eût été sans défaut, si le mécanisme de cette gigantesque création eût été irréprochable, si tel et si parfait eût été son agencement qu'il n'eût point été à redouter qu'il se produisît un seul détraquement, une seule avarie, bref, si l'œuvre eût été digne de cet ouvrier génial, de cet artiste incomparable, de ce constructeur fantastique qu'on appelle Dieu, le besoin d'un gouverneur ne se serait nullement fait sentir. Le coup de pouce initial une fois donné, la formidable machine une fois mise en branle, il n'y avait plus qu'à l'abandonner à elle-même, sans crainte d'accident possible. Pourquoi cet ingénieur, ce mécanicien, dont le rôle est de surveiller la machine, de la diriger, d'intervenir quand il le faut et d'apporter à la machine en mouvement les retouches nécessaires et les réparations successives ? Cet ingénieur eût été inutile, ce mécanicien sans objet. Dans ce cas, pas de Gouverneur. Si le Gouverneur existe, c'est que sa présence, sa surveillance, son intervention sont indispensables. La nécessité du Gouverneur est comme une insulte, un défi jeté au Créateur ; son intervention atteste la maladresse, l'incapacité, l'impuissance du Créateur. Le Gouverneur nie la perfection du Créateur.

Deuxième argument : La multiplicité des Dieux atteste qu'il n'en existe aucun

Le Dieu Gouverneur est et doit être puissant et juste, infiniment puissant et infiniment juste. Je prétends que la multiplicité des Religions atteste qu'il manque de puissance et de justice.

Négligeons les dieux morts, les cultes abolis, les religions éteintes. Celles-ci se chiffrent par milliers et par milliers. Ne parlons pas des religions en cours.

D'après les estimations les mieux fondées, il y a, présentement, huit cents religions qui se disputent l'empire des seize cents millions de consciences qui peuplent notre planète. Il n'est pas douteux que chacune s'imagine et proclame que, seule, elle est en possession du Dieu vrai, authentique, indiscutable, unique, et que tous les autres Dieux sont des Dieux pour rire, de faux Dieux, des Dieux de contrebande et de pacotille, qu'il est œuvre pie de combattre et d'écraser. J'ajoute que, n'y eut-il que cent religions au lieu de huit cents, n'y en eut-il que dix, n'y en eut-il que deux, mon raisonnement garderait la même vigueur.

Eh bien ! je dis que la multiplicité de ces Dieux atteste qu'il n'en existe aucun, parce qu'elle certifie que Dieu manque de puissance ou de justice. Puissant, il aurait pu parler à tous aussi aisément qu'à quelques-uns. Puissant, il aurait pu se montrer, se révéler à tous sans plus d'efforts qu'il ne lui en a fallu pour se révéler à quelques-uns. Un homme — quel qu'il soit — ne peut se montrer, ne peut parler qu'à un nombre limité d'hommes ; ses cordes vocales ont une puissance qui ne peut excéder certaines bornes ; mais Dieu !... Dieu peut parler à tous — quelle qu'en soit la multitude — aussi aisément qu'à un petit nombre. Quand elle s'élève, la voix de Dieu peut et doit retentir aux quatre points cardinaux. Le verbe divin ne connaît ni distance, ni obstacle. Il traverse les océans, escalade les sommets, franchit les espaces sans la plus petite difficulté. Puisqu'il lui a plu — la Religion l'affirme — de parler aux hommes, de se révéler à eux, de leur confier ses desseins, de leur indiquer sa volonté, de leur faire connaître sa Loi, il aurait pu parler à tous sans plus d'effort qu'à une poignée de privilégiés. Il ne l'a pas fait, puisque les uns le nient, puisque d'autres l'ignorent, puisque d'autres, enfin, opposent tel Dieu à tel de ses concurrents.

Dans ces conditions, n'est-il pas sage de penser qu'il n'a parlé à aucun et que les multiples révélations ne sont que de multiples impostures ; ou encore que, s'il n'a parlé qu'à quelques-uns, c'est qu'il n'a pas pu parler à tous ?

S'il en est ainsi, je l'accuse d'impuissance. Et, si je ne l'accuse pas d'impuissance, je l'accuse d'injustice. Que penser, en effet, de ce Dieu qui se montre à quelques-uns et se cache aux autres ? Que penser de ce Dieu qui adresse la parole aux uns et, pour les autres, garde le silence ? N'oubliez pas que les représentants de ce Dieu affirment qu'il est le Père et que, tous, au même titre et au même degré, nous sommes les enfants bien-aimés du Père qui règne dans les cieux. Eh bien ! que pensez-vous de ce père qui, plein de tendresse pour quelques privilégiés, les arrache, en se révélant à eux, aux angoisses du doute, aux tortures de l'hésitation, tandis que, volontairement, il condamne l'immense majorité de ses enfants aux tourments de l'incertitude ? Que pensez-vous de ce père qui se montre à une partie de ses enfants dans l'éclat éblouissant de Sa Majesté, tandis que, pour les autres, il reste environné de ténèbres ? Que pensez-vous de ce père qui, exigeant de ses enfants, un culte, des respects, des adorations, appelle quelques élus à entendre la parole de Vérité, tandis que, de propos délibéré, il refuse aux autres cette insigne faveur ? Si vous estimez que ce père est juste et bon, vous ne serez pas surpris que mon appréciation soit différente. La multiplicité des religions proclame donc que Dieu manque de puissance ou de justice.

Or, Dieu doit être infiniment puissant et infiniment juste ; les croyants l'affirment ; s'il lui manque un de ces deux attributs : la puissance ou la justice, il n'est pas parfait ; s'il n'est pas parfait, il n'existe pas. La multiplicité des Dieux démontre donc qu'il n'en existe aucun.

Troisième argument : Dieu n'est pas infiniment bon : l'Enfer l'atteste

Le Dieu Gouverneur ou Providence est et doit être infiniment bon, infiniment miséricordieux. L'existence de l'enfer prouve qu'il ne l'est pas. Suivez bien mon raisonnement : Dieu pouvait — puisqu'il est libre — ne pas nous créer ; il nous a créés. Dieu pouvait — puisqu'il est tout-puissant — nous créer tous bons ; il a créé des bons et des méchants. Dieu pouvait — puisqu'il est bon — nous admettre tous son paradis, après notre mort, se contentant de ce temps d'épreuves et de tribulations que nous passons sur la terre. Dieu pouvait enfin — parce qu'il est juste — n'admettre dans son paradis que les bons et en refuser l'accès aux pervers, mais anéantir ceux-ci à leur mort plutôt que de les vouer à l'enfer.

Car, qui peut créer peut détruire ; qui a le pouvoir de donner la vie a celui d'anéantir. Voyons : vous n'êtes pas des Dieux. Vous n'êtes pas infiniment bons, ni infiniment miséricordieux. J'ai, pourtant, la certitude, sans que je vous attribue des qualités que vous ne possédez peut-être pas, que, s'il était en votre pouvoir, sans qu'il vous en coûtât un effort pénible, sans qu'il en pût résulter pour vous ni préjudice matériel, ni dommage moral, si, dis-je, il était en votre pouvoir, dans les conditions que je viens d'indiquer, d'éviter à un de vos frères en humanité, une larme, une douleur, une épreuve, j'ai la certitude que le feriez. Et cependant, vous n'êtes ni infiniment bons, ni infiniment miséricordieux ! Seriez-vous meilleurs et plus miséricordieux que le Dieu des Chrétiens ? Car enfin, l'enfer existe. L'Église l'enseigne ; c'est l'horrifique vision à l'aide laquelle on épouvante les enfants, les vieillards et les esprits craintifs, c'est le spectre qu'on installe aux chevets des agonisants, à l'heure où l'approche de la mort leur enlève toute énergie et toute lucidité.

Eh bien ! Le Dieu des chrétiens, Dieu qu'on dit être de pitié, de pardon, d'indulgence, de bonté, de miséricorde, précipite une parité de ses enfants — pour toujours — dans ce séjour peuplé des tortures les plus cruelles, des supplices les plus indicibles. Comme il est bon ! Comme il est miséricordieux ! Vous connaissez cette parole des Écritures : Il y aura beaucoup d'appelés, mais fort peu d'élus. Cette parole signifie, si je ne m'abuse, qu'infime sera le nombre des élus et considérable le nombre des damnés. Cette affirmation est d'une cruauté si monstrueuse qu'on a tenté de lui donner un autre sens. Peu importe : l'enfer existe et il est évident que des damnés — en grand ou petit nombre — y endureront les plus douloureux tourments. Demandons-nous à qui peuvent être profitables les tourments des damnés. Serait-ce aux élus ? — Évidemment non ! Par définition les élus seront les plus justes, les vertueux, les fraternels, les compatissants, et on ne saurait supposer que leur félicité, déjà inexprimable, serait accrue par le spectacle de leurs frères torturés. Serait-ce aux damnés eux-mêmes ? — Pas davantage puisque l'Église affirme que le supplice de ces malheureux ne finira jamais et que, dans des milliards et des milliards de siècles, leurs tourments seront intolérables comme au premier jour.

Alors ?... Alors, en dehors des élus et des damnés, il n'y a que Dieu, il ne peut y avoir que lui. C'est donc à Dieu que seraient profitables les souffrances des damnés ? C'est donc à lui, ce père infiniment bon, infiniment miséricordieux, qui se repaîtrait sadiquement des douleurs auxquelles il aurait volontairement voué ses enfants ?

Ah ! s'il en est ainsi, ce Dieu m'apparaît comme le bourreau le plus féroce, comme le tortionnaire le plus implacable que l'on puisse imaginer. L'enfer prouve que Dieu n'est ni bon, ni miséricordieux. L'existence d'un Dieu de bonté est incompatible avec celle de l'Enfer. Ou bien il n'y a pas d'Enfer, ou bien Dieu n'est pas infiniment bon.

Quatrième argument : Le problème du Mal

C'est le problème du Mal qui me fournit mon quatrième et dernier argument contre le Dieu-Gouverneur, en même temps que mon premier argument contre le Dieu-Justicier. Je ne dis pas : l'existence du mal, mal physique, mal moral, est incompatible avec l'existence de Dieu ; mais je dis qu'elle est incompatible avec l'existence d'un Dieu infiniment puissant et infiniment bon.

Le raisonnement est connu, ne serait-ce que par les multiples réfutations — toujours impuissantes, du reste — qu'on lui a opposées. On le fait remonter à Épicure. Il a donc déjà plus de vingt siècles d'existence ; mais, si vieux qu'il soit, il a gardé toute sa vigueur. Le voici : Le mal existe ; tous les êtres sensibles connaissent la souffrance. Dieu qui sait tout ne peut pas l'ignorer.

Eh bien ! de deux choses l'une : Ou bien Dieu voudrait supprimer le mal, mais il ne le peut pas ; Ou bien Dieu pourrait supprimer le mal, mais il ne le veut pas. Dans le premier cas, Dieu voudrait supprimer le mal ; il est bon, il compatit aux douleurs qui nous accablent, aux maux que nous endurons. Ah ! s'il ne dépendait que de lui ! Le mal serait anéanti et le bonheur fleurirait sur la terre. Encore une fois, il est bon ; mais il ne peut supprimer le mal et, alors, il n'est pas tout-puissant. Dans le second cas, Dieu pourrait supprimer le mal. Il lui suffirait de vouloir pour que le mal fût aboli : il est tout-puissant ; mais il ne veut pas le supprimer ; et, alors il n'est pas infiniment bon. Ici, Dieu est puissant, mais il n'est pas bon ; là, Dieu est bon, mais il n'est pas puissant. Or, pour que Dieu soit, il ne suffit pas qu'il possède l'une de ces perfections : puissance ou bonté, il est indispensable qu'il les possède toutes les deux. Ce raisonnement n'a jamais été réfuté.

Entendons-nous : je ne dis pas qu'on n'a jamais essayé de le réfuter ; je dis qu'on j'y est jamais parvenu. L'essai de réfutation le plus connu est celui-ci : Vous posez en termes tout à fait erronés le problème du mal. C'est bien à tort que vous en rendez Dieu responsable. Oui, certes, le mal existe et il est indéniable ; mais c'est l'homme qu'il convient d'en rendre responsable. Dieu n'a pas voulu que l'homme soit un automate, une machine, qu'il agisse fatalement. En le créant il lui a donné la liberté ; il en a fait un être entièrement libre ; de la liberté qu'il lui a généreusement octroyée, Dieu lui a laissé la faculté de faire, en toutes circonstances, l'usage qu'il voudrait ; et, s'il plaît à l'homme, au lieu de faire un usage judicieux et noble de ce bien inestimable, d'en faire un usage odieux et criminel, ce n'est pas Dieu qu'il faut en accuser, ce serait injuste ; il est équitable d'en accuser l'homme. Voilà l'objection ; elle est classique. Que vaut-elle ? Rien.

Je m'explique : Distinguons d'abord le mal physique du mal moral. Le mal physique, c'est la maladie, la souffrance, l'accident, la vieillesse avec son cortège de tares et d'infirmités, c'est la mort, la perte cruelle de ceux que nous aimons ; des enfants naissent qui meurent quelques jours après sans avoir connu autre chose que la souffrance ; il y a une foule d'êtres humains pour qui l'existence n'est qu'une longue suite de douleurs et d'afflictions, en sorte il vaudrait mieux qu'ils ne fussent pas nés ; c'est, dans le domaine de la nature, les fléaux, les cataclysmes, les incendies, les sécheresses, les famines, les inondations, les tempêtes, toute cette somme de tragiques fatalités qui se chiffrent par la douleur et la mort. Qui oserait dire de ce mal physique que l'homme doit en être rendu responsable ? Qui ne comprend que, si Dieu a créé l'Univers, si c'est lui qui l'a doté des formidables lois qui le régissent et si le mal physique est l'ensemble de ces fatalités qui résultent du jeu normal des forces de la Nature, qui ne comprend que l'auteur responsable de ces calamités, c'est, en toute certitude, celui qui a créé cet Univers, celui qui le gouverne ? Je suppose que, sur ce point, il n'y a pas de contestation possible. Dieu qui gouverne l'Univers est donc responsable du mal physique. Cela seul suffirait, et ma réponse pourrait s'en tenir là. Mais je prétends que le mal moral est imputable à Dieu au même titre que le mal physique, puisque, s'il existe, il a présidé à l'organisation du monde moral comme à celle du monde physique et que, conséquemment, l'homme, victime du mal moral comme du mal physique, n'est pas plus responsable de l'un que de l'autre. Mais il faut que je rattache ce que j'ai à dire sur le mal moral à la troisième et dernière série de mes arguments.

8. Troisième groupe d'arguments

Premier argument : Irresponsable, l'homme ne peut être ni puni ni récompensé

Que sommes-nous ? Avons-nous présidé aux conditions de notre naissance ? Avons-nous été consultés sur la simple question de savoir s'il nous plaisait de naître ? Avons-nous été appelés à fixer nos destinées ? Avons-nous eu, sur un seul point, voix au chapitre ? Si nous avions eu voix au chapitre, chacun de nous se serait, dès le berceau, gratifié de tous les avantages : santé, force, beauté, intelligence, courage, bonté, etc., etc. Chacun eût été résumé de toutes les perfections, une sorte de Dieu en miniature. Que sommes-nous ? Sommes-nous ce que nous avons voulu être ? Incontestablement non ! Dans l'hypothèse Dieu, nous sommes, puisque c'est lui qui nous a créés, ce qu'il a voulu que nous soyons. Dieu, puisqu'il est libre, aurait pu ne pas nous créer. Il aurait pu nous créer moins pervers, puisqu'il est bon. Il aurait pu nous créer vertueux, bien portants, excellents. Il aurait pu nous combler de tous les dons physiques, intellectuels et moraux, puisqu'il est tout-puissant. Pour la troisième fois, que sommes-nous ? Nous sommes ce que Dieu a voulu que nous soyons. Il nous a créés comme il lui a plu, à son gré. Il n'y a pas d'autre réponse à cette interrogation : que sommes-nous ? si on admet que Dieu existe et que nous sommes ses créatures. C'est Dieu qui nous a donné nos sens, nos facultés de compréhension, notre sensibilité, nos moyens de percevoir, de sentir, de raisonner et d'agir. Il a prévu, voulu, déterminé nos conditions de vie : il a conditionné nos besoins, nos désirs, nos passions, nos craintes, nos espérances, nos haines, nos tendresses, nos aspirations. Toute la machine humaine correspond à ce qu'il a voulu qu'elle soit. Il a conçu, agencé de toutes pièces le milieu dans lequel nous vivons ; il a préparé toutes les circonstances qui, à chaque instant, donneront l'assaut à notre volonté et détermineront nos actions. Devant ce Dieu formidablement armé, l'homme est irresponsable. Celui qui n'est sous la dépendance de personne est entièrement libre ; celui qui est un peu sous la dépendance d'un autre est un peu esclave, il est libre pour la différence ; celui qui est beaucoup sous la dépendance d'un autre est beaucoup esclave, il n'est libre que pour le reste ; enfin celui qui est tout à fait sous la dépendance d'un autre est tout à fait esclave et ne jouit d'aucune liberté.

Si Dieu existe c'est dans cette dernière posture, celle de l'esclavage, qu'il se trouve par rapport à Dieu, et son esclavage est d'autant plus entier qu'il y a plus d'écart entre le Maître et lui. Si Dieu existe, lui seul sait, peut, veut ; lui seul est libre ; l'homme ne sait rien, ne peut rien, ne veut rien ; sa dépendance est complète. Si Dieu existe, il est tout ; l'homme n'est rien. L'homme ainsi tenu en esclavage, placé sous la dépendance plein et entière de Dieu, ne peut avoir aucune responsabilité. Et, s'il est irresponsable, il ne peut être jugé. Tout jugement implique un châtiment ou une récompense ; et les actes d'un être irresponsable, n'ayant aucune valeur morale, ne relèvent d'aucun jugement. Les actes de l'irresponsable peuvent être utiles ou nuisibles ; moralement, ils ne sont ni bons ni mauvais, ni méritoires ni répréhensibles ; ils ne sauraient équitablement être récompensés ni châtiés. En s'érigeant en Justicier, en punissant ou en récompensant l'homme irresponsable, Dieu n'est qu'un usurpateur ; il s'arroge un droit arbitraire et il en use à l'encontre de toute justice.

De ce que je viens de dire, je conclus : a) Que la responsabilité du mal moral est imputable à Dieu comme lui est imputable celle du mal physique ; b) Que Dieu est un Justicier indigne, parce que : irresponsable, l'homme ne peut être ni récompensé, ni châtié.

Second argument : Dieu viole les règles fondamentales de l'équité

Admettons, un instant, que l'homme soit responsable et nous allons voir que, même dans cette hypothèse, la divine Justice viole les règles les plus élémentaires de l'équité.

Si l'on admet que la pratique de la Justice ne saurait être exercée sans comporter une sanction et que le magistrat a pour mandat de fixer cette sanction il est une règle sur laquelle le sentiment est et doit être unanime : c'est que, de même qu'il y a une échelle de mérite et de culpabilité, il doit y avoir une échelle de récompenses et de châtiments. Ce principe posé, le magistrat qui pratiquera le mieux la justice, sera celui qui proportionnera le plus exactement la récompense au mérite et le châtiment à la culpabilité ; et le magistrat idéal, impeccable, parfait, sera celui qui fixera un rapport d'une rigueur mathématique entre l'acte et la sanction. Je pense que cette règle élémentaire de justice est acceptée par tous.

Eh bien ! Dieu, par le ciel et par l'enfer, méconnaît cette règle et la viole. Quel que soit le mérite de l'homme, il est borné (comme l'homme lui-même) et, cependant, la sanction de récompense : le ciel est sans borne, ne serait-ce que par son caractère de perpétuité. Quelle que soit la culpabilité de l'homme, elle est limitée (comme l'homme lui-même) et, pourtant la sanction du châtiment : l'enfer est sans limite, ne serait-ce que par son caractère de perpétuité. Il y a donc disproportion entre le mérite et la récompense, disproportion entre la faute et la punition ; disproportion partout.

Donc, Dieu viole les règles fondamentales de l'équité. Ma thèse est achevée ; il ne me reste plus qu'à récapituler et à conclure.

9. Récapitulation

Camarades, je vous avais promis une démonstration serrée, substantielle, décisive de l'inexistence de Dieu. Je crois pouvoir dire que j'ai tenu cette promesse. Ne perdez pas de vue que je ne me suis pas proposé de vous apporter un système de l'Univers rendant inutile tout recours à l'hypothèse d'une Force supra naturelle, d'une Énergie ou d'une Puissance extra mondiale, d'un Principe supérieur ou antérieur à l'Univers. J'ai eu la loyauté, comme je devais l'avoir, de vous dire qu'envisagé de la sorte, le problème ne comporte, dans l'état actuel des connaissances humaines, aucune solution définitive et que la seule attitude qui convienne à des esprits réfléchis et raisonnables, c'est l'expectative. Le Dieu dont j'ai voulu établir, dont, je puis le dire maintenant, j'ai établi l'impossibilité, c'est le Dieu des religions, le Dieu Créateur, Gouverneur et Justicier, le Dieu infiniment sage, puissant, juste et bon, que les clergés se flattent de représenter sur la terre et qu'ils tentent d'imposer à notre vénération.

Il n'y a pas, il ne peut y avoir d'équivoque. C'est ce Dieu que je nie ; et, si l'on veut discuter utilement, c'est ce Dieu qu'il faut défendre contre mes attaques. Tout débat sur un autre terrain sera, — je vous en préviens, car il faut que vous vous mettiez en garde contre les ruses de l'adversaire — tout débat sur un autre terrain sera une diversion et sera, par surcroît, la preuve que le Dieu des religions ne peut être défendu, ni justifié. J'ai prouvé que, comme Créateur, il serait inadmissible, imparfait, inexplicable ; j'ai établi que, comme gouverneur, il serait inutile, impuissant, cruel, odieux, despotique ; j'ai montré que, comme justicier, il serait un magistrat indigne, violant les règles essentielles de la plus élémentaire équité.

10. Conclusion

Tel est pourtant le Dieu que, depuis des temps immémoriaux, on a enseigné et que, de nos jours encore, on enseigne à une multitude d'enfants, dans une foule de familles et d'écoles. Que de crimes ont été commis en son nom ! Que de haines, de guerres, de calamités ont été furieusement déchaînées par ses représentants ! Ce Dieu, de quelles souffrances il a été la source ! quels maux il engendre encore ! Depuis des siècles, la Religion tient l'humanité courbée sous la crainte, vautrée dans la superstition, prostrée dans la résignation. Ne se lèvera-t-il donc jamais le jour où, cessant de croire en la Justice éternelle, en ses arrêts imaginaires, en ses réparations problématiques, les humains travailleront, avec une ardeur inlassable, à l'avènement, sur la terre, d'une Justice immédiate, positive et fraternelle ? Ne sonnera-t-elle donc jamais l'heure où, désabusés des consolations et des espoirs fallacieux que leur suggère la croyance en un paradis compensateur, les humains feront de notre planète un Eden d'abondance, de paix et de liberté, dont les portes seront fraternellement ouvertes à tous ? Trop longtemps, le contrat social s'est inspiré d'un Dieu sans justice ; il est temps qu'il s'inspire d'une justice sans Dieu. Trop longtemps, les rapports entre les nations et les individus ont découlé d'un Dieu sans philosophie ; il est temps qu'ils procèdent d'une philosophie sans Dieu. Depuis des siècles, monarques, gouvernants, castes et clergés, conducteurs de peuples directeurs de consciences, traitent l'humanité comme le vil troupeau, bon tout juste à être tondu, dévoré, jeté aux abattoirs. Depuis des siècles, les déshérités supportent passivement la misère et la servitude, grâce au mirage décevant du Ciel, et à la vision horrifique de l'Enfer. Il faut mettre fin à cet odieux sortilège, à cette abominable duperie.

Ô toi qui m'écoutes, ouvre les yeux, regarde ; observe ; comprends. Le ciel dont on te parle sans cesse, le ciel à l'aide duquel on tente d'insensibiliser ta misère, d'anesthésier ta souffrance et d'étouffer la plainte qui, malgré tout, s'exhale de ta poitrine, ce ciel est irréel et désert. Seul, ton enfer est peuplé et positif. Assez de lamentations : les lamentations sont vaines. Assez de prosternations : les prosternations sont stériles. Assez de prières : les prières sont impuissantes. Redresse-toi, ô homme ! Et, debout, frémissant, révolté, déclare une guerre implacable au Dieu dont, si longtemps, on imposa à tes frères et à toi-même l'abrutissante vénération. Débarrasses-toi de ce tyran imaginaire et secoue le joug de ceux qui se prétendent ses chargés d'affaires ici-bas. Mais souviens-toi que ce premier geste de libération accompli, tu n'auras rempli qu'une partie de la tâche qui t'incombe. N'oublie pas qu'il ne te servirait de rien de briser les chaînes que les Dieux imaginaires, célestes et éternels, ont forgées contre toi, si tu ne brisais aussi celles qu'ont forgées contre toi les Dieux passagers et positifs de la terre. Ces Dieux rôdent autour de toi, cherchant à t'affamer et à t'asservir. Ces Dieux ne sont que des hommes comme toi. Riches et Gouvernants, ces Dieux de la terre ont peuplé celle-ci d'innombrables victimes, d'inexprimables tourments. Puissent les damnés de la terre se révolter enfin contre ces scélérats et fonder une Cité où ces monstres seront ; à tout jamais, rendus impossibles ! Quand tu auras chassé les Dieux du ciel et de la terre, quand tu te seras débarrassé des Maîtres d'en haut et des Maîtres d'en bas, quand tu auras accompli ce double geste de délivrance, alors, mais seulement alors, ô mon frère, tu t'évaderas de ton enfer et tu réaliseras ton ciel !

www.ingramcontent.com/pod-product-compliance
Lightning Source LLC
LaVergne TN
LVHW010944110826
845149LV00013B/2747

* 9 7 8 2 9 3 0 7 1 8 6 4 4 *